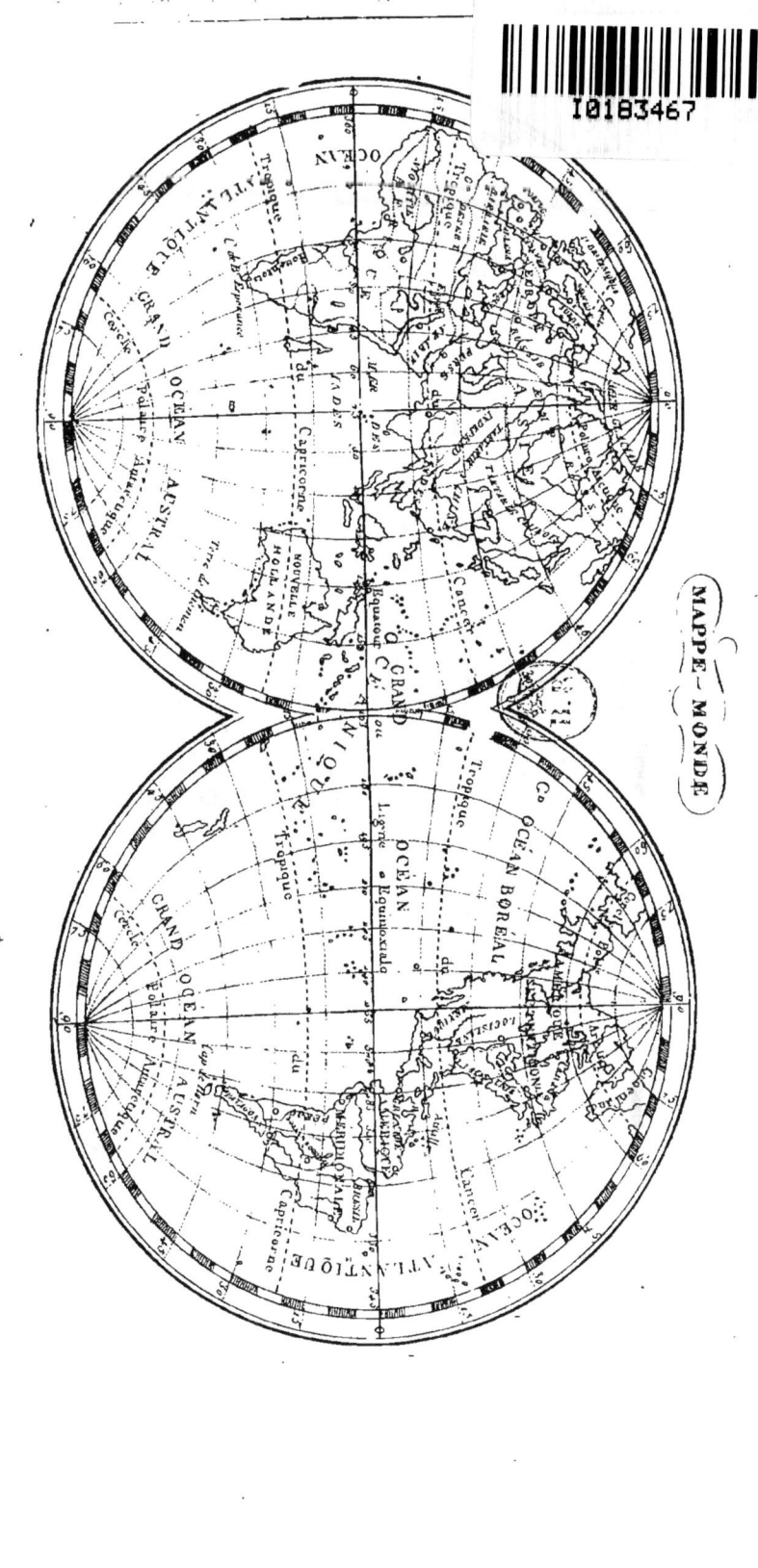

ABÉCÉDAIRE GÉOGRAPHIQUE

orné de jolies gravures représentant les principaux peuples de la terre et les animaux qui appartiennent aux différents climats.

A PARIS
À LA LIBRAIRIE D'ÉDUCATION
ET DE JURISPRUDENCE
Chez ALEXIS EYMERY Rue Mazarine N.° 30.
(1812)

ABÉCÉDAIRE
GÉOGRAPHIQUE.

« Je ne reconnoîtrai pour authentiques que les exemplaires qui porteront ma signature, et je poursuivrai les contrefacteurs. »

AVERTISSEMENT.

Ce petit livre ne peut pas contenir tout ce qu'il est nécessaire d'apprendre pour bien connoître la Géographie ; mais comme il est destiné aux enfans du premier âge, il a seulement pour but de les familiariser avec les termes de cette science, de leur donner une idée générale de la situation des empires, des royaumes et des principales villes qui se trouvent sur la terre, et de leur inspirer de bonne heure le désir d'acquérir des connoissances indispensables pour pouvoir lire avec fruit l'Histoire ancienne et moderne.

(7)

Lettres Capitales.	
A	B
C	D
E	F
G	H

I.

(8)

I	J
K	L
M	N
O	P

(9)

Q	R
S	T
U	V
W	X

Y Z

Caractères romains.

a	b	c	d	e
f	g	h	i	j
k	l	m	n	o
p	q	r	s	t
u	v	x	y	z

Lettres italiques.

a, *b*, *c*, *d*, *e*, *f*, *g*, *h*, *i*, *j*,
k, *l*, *m*, *n*, *o*, *p*, *q*, *r*, *s*,
t, *u*, *v*, *x*, *y*, *z*.

CARACTÈRES D'ÉCRITURES.
Bâtarde.

a, *b*, *c*, *d*, *e*, *f*,

g, *h*, *i*, *j*, *k*, *l*,

m, *n*, *o*, *p*, *q*, *r*, *s*,

t, *u*, *v*, *x*, *y*, *z*.

Coulée.

*a, b, c, d, e, f, g, h, i, j, k, l,
m, n, o, p, q, r, s, t, u, v, x, y, z.*

Ronde.

a, b, c, d, e, f, g, h, i, j, k, l,
m, n, o, p, q, r, s, t, u, v, x, y, z.

Anglaise.

*a, b, c, d, e, f, g, h, i, j,
k, l, m, n, o, p, q, r, s,
t, u, v, x, y, z.*

Lettres liées ensemble.

æ, œ, fi, ffi, fl, ffl, ff, ſſ,
ſi, ſſi, ſl, ſt, ct, w, &.

a, e, i *ou* y, o, u.

Syllabes.

ba, be, bi, bo, bu,
ca, ce, ci, co, cu,
da, de, di, do, du,
fa, fe, fi, fo, fu,
ga, ge, gi, go, gu,
ha, he, hi, ho, hu,
ja, je, ji, jo, ju,
ka, ke, ki, ko, ku,
la, le, li, lo, lu,
ma, me, mi, mo, mu,
na, ne, ni, no, nu,
pa, pe, pi, po, pu,
qua, que, qui, quo, qu,
ra, re, ri, ro, ru,
sa, se, si, so, su,
ta, te, ti, to, tu,
va, ve, vi, vo, vu,
xa, xe, xi, xo, xu,
za, ze, zi, zo, zu.

Mots à épeler.

A	gneau.	Le so	leil.
Bar	re.	Les	étoi les.
Bos	quet.	Ma	rais.
But	te.	Mai	son.
Col	li ne.	Mon	tagne.
Cô	te.	Oi	seau.
Cou	rant.	Pa	lais.
Dé	troit.	Poin	te.
E	tang.	Ro	cher.
Fau	bourg.	Tor	rent.
Fleu	ve.	Trou	pe.
Gol	fe.	Trou	peau.
Ha	vre.	Val	lon.
Her	be.	Vil	le.
Jar	din.	Vol	can.

Phrases faciles.

Dieu a créé le ciel et la terre en sept jours.

On aime les enfans qui cherchent les moyens de s'instruire.

Les paresseux sont détestés.

On récompense ceux qui aiment l'étude.

On punit les méchans et les ignorans.

Soyez bons, on vous aimera.

On peut jouer, quand on a fait son devoir.

Il faut secourir les pauvres.

Ne méprisez pas ceux qui ne sont pas aussi riches que vous.

Écoutez les conseils de vos parens.

Phrases plus longues.

PARMI les connoissances propres à orner la mémoire, la *Géographie* occupe une place distinguée.

On ne peut lire l'histoire, soit ancienne, soit moderne, sans connoître la géographie.

Cette science étant d'un usage universel, rien n'est plus important que d'en inspirer le goût, et de procurer les moyens qui doivent en faciliter l'étude.

La géographie ne se borne pas à donner la situation et la distance des lieux ; elle fait connoître aussi les mœurs des peuples, leur gouvernement, leurs vertus et leurs vices.

Les peuples policés du globe ont des établissemens fixes, une nourriture très-variée, cultivent la terre et s'appliquent aux arts.

Plusieurs formes de gouvernement ont été adoptés par les états civilisés ; les uns sont gouvernés par un souverain ; les autres se gouvernent eux-mêmes, et se donnent le nom de *républiques*. Les petits états unissent quelquefois leurs forces et leurs intérêts, sous le nom de *confédérations*.

Des Accens.

Les accens sont de certaines marques qu'on met sur les voyelles, pour les faire prononcer d'un ton plus fort ou plus foible.

Il y a trois sortes d'accens; savoir, l'accent aigu (´), l'accent grave (`) et l'accent circonflexe (ˆ).

L'accent aigu se met sur tous les *e* fermés, comme dans *vérité, amitié,* etc.

L'accent grave se met sur les *e* ouverts, comme dans *procès, après, accès,* etc.

L'accent circonflexe ne doit se mettre que sur les voyelles longues, comme dans *probléme, côte, âme,* etc.

Des Voyelles longues et brèves.

On appelle voyelles longues celles sur lesquelles on appuie plus long-temps en les prononçant.

Les voyelles brèves sont celles sur lesquelles on appuie moins long-temps.

A est long dans *mâle*, et il est bref dans *malle*.

E est long dans *tempête*, et il est bref dans *trompette*.

I est long dans *gîte*, et il est bref dans *petite*.

O est long dans *apôtre*, et il est bref dans *dévote*.

U est long dans *flûte*, mais il est bref dans une *butte*.

Maintenant que vous commencez à lire couramment, mes petits amis, je vais vous donner quelques notions de géographie, comme je vous l'ai promis.

Nous diviserons notre travail par leçons, afin de ne pas trop surcharger votre mémoire. Il faudra bien vous appliquer à retenir ces leçons; et le seul moyen d'y parvenir, est de les apprendre par cœur. La géographie est d'ailleurs une science qui peut vous être utile dans toutes les circonstances de la vie : il est donc de votre intérêt de la bien savoir.

NOTIONS DE GÉOGRAPHIE.

PREMIERE LEÇON.

La géographie est la description du globe de la terre. L'on donne le nom de globe à la terre à cause de sa rondeur; ce globe forme deux hémisphères ou demi-globes oriental et occidental; ces deux hémisphères, mis à côté l'un de l'autre, font ce que l'on appelle mappemonde.

La surface de la terre est divisée en terre et en eau. L'étendue de ce que l'on connaît de la terre n'est pas si grande que celle de l'eau ; mais comme il y a encore des terres inconnues, on ne peut assurer laquelle de ces deux surfaces a le plus d'étendue. Cette surface contient l'Europe, l'Asie, l'Afrique et l'Amérique.

L'orient ou l'est, est par rapport à nous, le lever du soleil ; l'occident ou l'ouest, l'endroit où il se couche ; le septentrion ou le nord, le côté froid ; et le midi ou le sud, le côté chaud.

Les quatre petits cercles d'une sphère partagent le globe en cinq parties, qu'on appelle zones.

Des cinq zones, l'une est nommée torride ou brûlante, deux sont tempérées et deux froides ou glaciales.

SECONDE LEÇON.

Explication de plusieurs termes usités dans la Géographie.

Anse, est une espèce de golfe peu profond, c'est-à-dire une petite portion de mer qui s'avance dans les terres.

Archipel, est une étendue de mer entrecoupée de plusieurs îles.

Baie, est une espèce de golfe, où les vaisseaux sont à l'abri de certains vents.

Bancs. On donne ce nom à une roche cachée sous l'eau ou à un grand amas de sable dans la mer.

Il y a des bancs de sables et des bancs de rochers.

Cap, *promontoire*, pointe de terre élevée qui s'avance dans la mer.

Cataracte ou *saut*, chute des eaux d'une grande rivière, lorsque ces eaux tombent d'extrêmement haut. Le Nil a ses cataractes.

Colline, petite montagne qui s'élève en pente douce au-dessus d'une plaine.

Continent, nom donné à un espace qui contient plusieurs grandes terres jointes ensemble. Il est entouré d'eaux et renferme différentes nations.

Coteau, penchant d'une colline.

Côtes, les rivages de la mer, les terres qui bornent la mer. On dit une côte pleine d'écueils, pleine de bancs.

Courans, divers endroits de la mer où l'eau court rapidement d'un certain côté. Il y a de dangereux courans sur cette côte.

Détroit. On donne ce nom à un bras de mer ou portion de mer resserrée des deux côtés par les terres, et qui ne laisse qu'un petit passage pour aller d'une mer à une autre. Le détroit qui sépare la France de l'Angleterre, s'appelle le *Pas-de-Calais.* Le détroit le plus fréquenté est celui de Gibraltar, qui sépare l'Europe de l'Afrique, et joint la Méditerranée avec l'Océan.

Ecueils, rochers dans la mer, qu'on n'aperçoit pas, et contre lesquels les vaisseaux se brisent quelquefois.

Etang, amas d'eau soutenu par une chaussée, et dans lequel on nourrit ordinairement du poisson.

Fleuves. Les rivières et les fleuves sont des amas d'eaux qui coulent toujours, et dont on connoît la source et l'embouchure. La source d'un fleuve, ou d'une rivière, est l'endroit où ils commencent à couler. L'embouchure est l'endroit où un fleuve ou une rivière porte ses eaux dans la mer. Le nom de rivière, quoique commun au fleuve et à la rivière, se distingue de la manière suivante : le fleuve est une grande rivière qui porte son nom jusqu'à la mer, au lieu que la rivière le perd ordinairement en se jetant ou dans un fleuve ou dans une rivière plus grande. Les rivières et les fleuves prennent toujours leur origine du milieu ou du bas des montagnes.

Golfe, portion de mer qui s'avance dans les terres. Tels sont le golfe de Venise, le golfe de Lyon, etc.

Havre, *golfe*, *anse* ou *enfoncement* d'un bras de mer dans les terres, où les vaisseaux peuvent faire leur décharge, prendre leur chargement, et se mettre à l'abri des tempêtes.

Ile, espace de terre entouré d'eau de tous côtés et bien moins grand qu'un continent.

Lac, grand amas, grande étendue d'eau qui n'a d'issue que par une rivière, ou par quelques canaux souterrains.

Marais, terres abreuvées de beaucoup d'eaux qui n'ont point d'écoulement. On appelle marais salans, des marais où l'on fait venir de l'eau de la mer pour faire du sel.

Mers, amas des eaux qui environnent la terre et qui la couvrent en plusieurs endroits. On appelle Océan, la grande mer qui environne les continens. Les mers qu'on appelle intérieures sont celles qui sont entourées de terres, et de ce nombre sont la *Méditerranée*, la mer *Noire* et la mer *Rouge*. On ne doit pas juger de la couleur des mers par les noms qui leur ont été donnés. Les eaux de la mer Rouge n'ont point du tout cette couleur : elle a été ainsi nommée à cause de la couleur de son sable. Les eaux de la mer Blanche paroissent noires, et celles de la mer Noire paroissent blanches. On a donné au Pont-Euxin le nom de mer Noire, parce que la navigation y est très-dangereuse, et que le mot *noire* est un nom de deuil.

Montagne, éminence de terre fort considérable qui s'élève au-dessus de tout ce qui l'environne : elle est ordinairement remplie d'inégalités et de cavités.

Port, lieu propre à recevoir les vaisseaux et à les tenir à couvert des tempêtes. Un port est ordinairement l'ouvrage des hommes, à la différence du havre qui est formé naturellement.

Presqu'île ou *péninsule*, terre presque entourée d'eau, et qui tient au continent par un bout, par une langue de terre. On donne le nom d'isthme à la langue de terre qui joint une presqu'île à un continent, ou qui joint deux continens.

Promontoire, pointe de terre élevée et avancée dans la mer. Cette pointe de terre est ordinairement désignée sous le nom de *cap*.

Rade, espace de mer à quelque distance de la côte, où les vaisseaux peuvent jeter l'ancre et demeurer à l'abri de certains vents, quand ils ne peuvent entrer dans le port.

Rocher, amas de pierres, élevé

ou sur le bord de la mer ou dans une plaine, ou même dans des forêts, dans des îles, etc.

Torrent, courant d'eau rapide qui provient ordinairement des orages ou de la fonte des neiges, et qui ne dure que quelque temps.

Vallée, espace de terre entre deux ou plusieurs montagnes, ou pays situé au pied de quelque montagne ou côte. Un vallon est une petite vallée.

En voilà assez pour aujourd'hui, mes enfans. Retenez bien tout ce que nous avons dit, afin d'être plus en état de me comprendre par la suite. Je me mettrai toujours le plus possible à la portée de votre petite intelligence.

TROISIEME LEÇON.

L'EUROPE.

L'Europe est située dans la zone tempérée de l'hémisphère septentrional. Cette première et plus belle partie de la terre est bornée au nord par la mer Glaciale, au sud par le détroit de Gibraltar et la mer Méditerranée qui la séparent de l'Afrique; à l'est par le détroit de Gallipoli, la mer Noire, le Don et les monts Uraliens, qui la séparent de l'Asie; et à l'ouest par l'Océan.

On divise l'Europe en plusieurs grandes régions, mais on les comprend toutes par les divisions qui suivent : la première sera le sujet de notre quatrième leçon.

QUATRIEME LEÇON.

Autriche.

Cet empire se compose de plusieurs états, savoir : l'Autriche, le duché de Styrie, la principauté de Saltzbourg, la Bohême, une partie de la Carinthie, la Gallicie, la Hongrie, une partie de la Croatie, la Transilvanie et une partie de la Silésie.

Vienne, sur le Danube, est la capitale de cet empire, et la résidence de l'empereur d'Autriche. Elle est la plus grande ville des possessions autrichiennes. Sa population est de deux cent soixante mille habitans. Prague est la capitale de la Bohême et Presbourg celle de la Hongrie. On y compte quelques autres villes importantes, telles que Lintz, sur le Danube; Grœtz, chef-lieu de la Styrie; Saltzbourg, capitale de la principauté de ce nom; Olmutz, en Moravie; Clagenfurth, en Carinthie; Lemberg, chef-lieu de la Gallicie, et qui a plus de soixante mille âmes de population. Outre ces villes, l'Autriche en renferme un grand nombre d'autres qui, par leur commerce et leur population, ne sont pas moins intéressantes.

CINQUIEME LEÇON.

Angleterre ou *Iles Britanniques.*

L'ANGLETERRE et l'Ecosse ne sont qu'une même île, l'Irlande en forme une autre. La première n'est séparée de la France que par un détroit qu'on nomme la *Manche.*

 Londres, la capitale de toute l'Angleterre, est une des plus grandes villes, des plus peuplées et des plus commerçantes de l'Europe. Elle est remplie de beaux édifices. C'est le siége du gouvernement. On y compte un million d'âmes. Elle est sur la Tamise, les plus grands vaisseaux remontent par ce fleuve jusque dans la ville.

Edimbourg est la capitale de l'Ecosse et Dublin celle de l'Irlande.

Les plus grandes villes de l'empire britannique après celles que nous venons de citer, sont : Bristol, Newcastle, Corck et Limerik, en Irlande ; Plymouth, Liverpool, avec de beaux ports ; Manchester, ville très-commerçante, etc.

SIXIEME LEÇON.

Confédération du Rhin.

On comprend sous ce nom plusieurs royaumes et principautés qui ont fait une alliance offensive et défensive et dont l'Empereur des Français est le protecteur.

Le royaume de Saxe, le duché de Warsovie, les royaumes de Westphalie, de Bavière, de Wirtemberg, les grands duchés de Bade, de Darmstadt, de Berg, de Francfort, de Wurztbourg, etc., font partie de la confédération du Rhin.

SEPTIEME LEÇON.

Danemarck.

Le Danemarck se divise en terre ferme à l'occident et en îles à l'orient. La terre ferme consiste dans le Jutland. L'air y est froid, mais assez sain.

Les îles du Danemarck sont presque toutes dans la mer Baltique; l'Islande et la Fionie en font partie.

La plus vaste possession du Damarck est la Norwège, autrefois royaume particulier.

Copenhague est la capitale du

Danemarck. Sa population est évaluée à quatre-vingt-quatre mille âmes. On trouve dans ce royaume beaucoup de bœufs et de chevaux. Il y a aussi une grande quantité de cerfs et de gibier ; la pêche y est très-bonne, surtout celle des harengs.

Les autres villes principales du Danemarck qui sont Helsingœr, Odensée en Fionie, Christiania et Bergen en Norwège, sont peu considérables. Bergen en est la plus importante, tant par son commerce que sa population, qui est de dix-huit mille âmes.

HUITIEME LEÇON.

Espagne.

Ce royaume est le pays le plus méridional de l'Europe. Il est borné au nord par la France et par l'Océan ; à l'est par la mer Méditerranée, au sud encore par la mer et à l'ouest par le Portugal et par l'Océan.

L'air en Espagne est généralement bon et tempéré, mais un peu chaud et sec. Le terroir y est très fertile, surtout en excellens vins, en fruits, en huile, etc. On tire de l'Espagne des chevaux fort estimés et des laines les plus fines de l'Europe. Les provinces de Valence, Murcie, Grenade et l'Andalousie fournissent beaucoup de soie.

Les principaux fleuves de ce royaume sont le Tage, le Guadalquivir, la Guadiana et l'Ebre.

Madrid est la capitale de l'Espagne. Cette ville est belle et bien peuplée ; on y compte cent cinquante-six mille habitans. Elle est arrosée par le Mançanarès, qui n'étant qu'un ruisseau en été, grossit prodigieusement en hiver.

Il y a en Espagne beaucoup d'autres grandes villes dont le commerce et la population sont considérables.

NEUVIEME LEÇON.

France.

CE pays est aujourd'hui beaucoup plus vaste que n'étoit l'ancienne Gaule ; l'empire Français s'étend sur une partie de l'Italie, sur la Hollande, et sur une partie de l'Allemagne.

La situation de la France, au milieu de la zone tempérée, est la plus belle et la plus agréable ; l'air en est pur et sain ; ce pays est très-peuplé et ne compte pas moins de trente-sept millions d'âmes. L'activité et l'industrie de ses habitans, les lois de l'état, la bonté du terrein, la salubrité de l'air, tout contribue à sa fertilité.

Plusieurs grands fleuves l'arrosent ; ce sont la Seine, la Garonne, le Rhône, la Loire et le Rhin.

Deux grandes chaînes de montagnes la traversent dans différentes directions; les Pyrénées au midi la séparent de l'Espagne, et les Alpes au sud-est la séparent de l'Allemagne, de l'Italie et de la Suisse.

Paris est la capitale de l'empire français ; cette ville, l'une des plus peuplées (on y compte six cent mille âmes) et des plus grandes du monde, est située sur la Seine. Ses édifices en sont magnifiques. C'est le centre du goût, des arts et des lettres. L'empereur y fait sa résidence, ainsi que les chefs des diverses administrations qui régissent l'empire sous lui.

La France renferme en outre plusieurs autres grandes villes, telles que Rome, en Italie, ancienne capitale de l'empire romain et de nos jours résidence des papes; Amsterdam, en Hollande, ci-devant capitale des sept provinces unies; Florence, ancien chef-lieu du grand duché de ce nom; Turin, en Piémont, ancienne résidence des rois de Sardaigne; Gênes; Marseille; Lyon; Bordeaux; Bruxelles; Nantes; Toulouse; Rouen; Anvers; Livourne; Brest, etc.

DIXIEME LEÇON.

Italie.

L'ITALIE, séparée par les Alpes de l'ancienne France et la Suisse, est une grande presqu'île, dont la forme a quelque rapport avec celle d'une botte.

Le climat d'Italie est généralement sain et tempéré, quoique l'été y soit fort chaud et l'hiver très-pluvieux. La terre y est très-fertile en tout ce qui est nécessaire à la vie.

Les principaux fleuves ou rivières de l'Italie, sont, le Pô, le Tibre, la rivière de l'Arno, etc.

Rome, si célèbre dans l'histoire, est la plus belle ville de l'Italie ; elle est assise sur douze collines et traversée par le Tibre. On y trouve une foule de beaux monumens qui attestent son ancienne grandeur. On n'y compte plus qu'environ cent soixante mille âmes de population.

Une grande partie de l'Italie forme aujourd'hui le royaume de ce nom, dont la capitale est Milan. La population de cette ville est de cent trente mille habitans.

La partie méridionale de l'Italie forme le royaume des deux Siciles dont Naples est la capitale. On évalue la population de cette ville à quatre cent trente mille habitans. Aux environs se trouve le mont

Vésuve qui vomit quelquefois des torrens de flammes, de soufre, de métaux et de minéraux mis en fusion.

Non loin de là sont les deux anciennes villes de Portici et d'Herculanum, qui ont été ensevelies sous les cendres du Vésuve.

La Sicile est séparée du royaume de Naples par le détroit de Messine. Palerme est le chef-lieu de cette île, où se trouve l'Etna, qui est un volcan aussi dangereux que le Vésuve.

On trouve encore en Italie d'autres belles villes, telles que Venise, Florence, Gênes, Turin, etc. Ces trois dernières appartiennent à la France.

ONZIEME LEÇON.

Portugal.

Ce royaume est borné au nord par la Galice; au sud et à l'ouest par l'Océan; et à l'est par le Léon, l'Estramadure et l'Andalousie.

L'air y est sain et tempéré durant la plus grande partie de l'année, mais en été les chaleurs y sont extrêmes.

C'est de ce royaume que nous viennent les bonnes oranges et les grenades, qui y sont exquises.

Les principaux fleuves du Portugal, sont le Tage, le Duéro, le

Minho, le Lima, le Sado, qui prennent leurs sources en Espagne.

Lisbonne est la capitale de ce royaume : elle est bâtie sur plusieurs collines un peu au-dessus de l'embouchure du Tage; elle a environ deux cent soixante mille habitans. — En 1755 il y eut un tremblement de terre qui la détruisit presque toute entière.

Les autres villes du Portugal sont peu considérables et peu populeuses.

DOUZIEME LEÇON.

Prusse.

Ce royaume est situé entre l'Allemagne, la Baltique et la Russie. L'air y est froid et peu sain. C'est un pays entrecoupé de marais et de bois. Dans quelques endroits, il y a des forêts qui renferment beaucoup de gibier.

La Prusse possède une partie de la Silésie, de la Poméranie et de l'ancien électorat de Brandebourg.

Berlin est la capitale de ce royaume, et a cent trente mille habitans.

TREIZIEME LEÇON.

Russie.

Cet empire est situé à l'extrémité nord de l'Europe. Il est borné de ce côté par la mer Glaciale; au sud par la Turquie et la mer Noire; et à l'ouest par la Suède, la mer Baltique et le grand duché de Varsovie. La Russie, qui s'étend dans l'Asie, est bornée à l'est par la mer qui la sépare du continent de l'Amérique.

    Cet empire, qui occupe le tiers de l'Europe et plus du quart de l'Asie, est si vaste qu'il est difficile d'en déterminer au juste l'étendue superficielle.

L'air y est généralement très-froid, mais vers le midi il est un peu plus tempéré.

Dans la partie septentrionale, on trouve beaucoup d'ours, de renards, de rennes, d'hermines et de martres-zibelines.

L'hermine est un petit animal qui a le poil extrêmement blanc et le bout de la queue noir. On en fait des fourrures très-précieuses.

La martre-zibeline est une espèce d'hermine dont le poil est roux. Ces deux animaux ressemblent beaucoup à nos belettes.

Saint-Pétersbourg, à un quart de lieue de l'embouchure de la Newa, est la capitale de cet empire. Cette ville, fondée par Pierre-le-Grand, est maintenant une des plus belles et des plus grandes de l'Europe. Sa population est évaluée à deux cent quarante mille âmes.

Moscow étoit autrefois la capitale de la Russie. Cette ville, sur la rivière du même nom, est bâtie sur plusieurs collines. Sa population est en hiver de trois cent mille et en été de deux cent mille âmes. On y voit les tombeaux des czars. Czar est un titre qu'on donnoit autrefois au monarque de Russie.

La Russie renferme encore plusieurs autres grandes villes dont les principales sont Bukarest, Riga, Jassi, Cazan, Kiew, Archangel, Pultawa, célèbre par la bataille de 1709, dans laquelle le roi de Suède, Charles XII, fut défait par Pierre-le-Grand.

QUATORZIEME LEÇON.

Suède.

Ce royaume est situé au nord-ouest de l'Europe. Il est borné par la Norwège, la Russie, la mer Baltique et les golfes de Bothnie et de Finlande.

L'air y est extrêmement froid, mais fort sain. L'hiver y dure neuf mois et l'été les trois autres. La terre y est peu fertile en blé, mais elle ne manque ni de pâturages ni de bois. Il y a en Suède quantité d'ours, de renards, d'aigles, de faucons et d'autres oiseaux de proie. Les fleuves et les lacs fourmillent de cygnes. On y pêche beaucoup surtout des saumons et des harengs dont la Suède vend tous les ans aux autres nations cent cinquante et jusqu'à deux cent mille tonnes : la tonne renferme mille harengs.

Stockolm, dont la population est de quatre-vingt-dix mille habitans, est la capitale du royaume de Suède. Les églises et les palais y sont ordinairement couverts de cuivre.

La Suède renferme encore d'autres villes dont quelques-unes sont assez importantes tant par leur commerce que par leur population.

QUINZIEME LEÇON.

Suisse.

Ce pays, le plus élevé de l'Europe, est borné par la France, l'Italie et l'Allemagne. Il est traversé par les Alpes. Les montagnes, les neiges dont elles sont couvertes; des glaciers dans les vallées qui ne fondent jamais en entier dans l'été, forment les sources de trois grands fleuves, qui sont le Danube, le Rhin et le Rhône.

C'est sur le mont Saint-Gothard, l'une des montagnes au centre de la Suisse, que l'on trouve le fameux *pont du Diable*, construit entre des rochers escarpés et sur des abîmes affreux, ainsi que la belle vallée d'Unsern, à laquelle on parvient par une galerie longue de deux cents pieds et pratiquée dans un rocher de granit.

L'air de la Suisse est sain, mais froid. Le terroir y est fort montagneux et peu fertile, excepté dans les vallées où il y a d'excellens pâturages qui nourrissent une grande quantité de brebis et de génisses avec le lait desquelles on fait de très-bons fromages.

Les principales villes de la Suisse sont Aarau, Berne, Bâle, Lucerne, Lausane, Zurich, Saint-Gal, Constance, Glarus, Neufchâtel chef-lieu de la principauté de ce nom, Thurgau, Schwyz, Soleure,

Schaffouse. A une lieue de cette dernière ville est la fameuse cataracte du Rhin, haute de quatre-vingts pieds et une des plus belles qu'on puisse voir.

SEIZIEME LEÇON.

La Turquie.

La Turquie est bornée par la Russie, la Hongrie, la Dalmatie, l'Illyrie, la mer Méditerranée et la mer Noire.

L'air y est généralement sain et tempéré et la terre y est très-fertile.

Le souverain de la Turquie se nomme sultan ; on l'appelle communément le Grand-Turc ou le Grand-Seigneur.

Constantinople est la capitale de la Turquie en Europe et de tout l'empire Ottoman, qui est partagé en deux parties, dont l'une occupe le sud-est de l'Europe, et l'autre le sud-ouest de l'Asie. Cette ville, l'une des plus belles de l'Europe, est située dans une presqu'île sur la mer de Marmara. On y compte quatre à cinq cent mille habitans, dont cent mille Grecs.

L'empire Turc renferme plusieurs autres grandes villes très-populeuses et fort commerçantes, dont les principales sont Andrinople, Philippople, Sophia, Salonique, Scutari, Tripoli, Ismaël, Tunis, Alep, le Caire en Egypte, Mosul, Damas, etc.

DIX-SEPTIEME LEÇON.

L'ASIE.

L'Asie, cette vaste partie du monde, est bornée au nord par la mer Glaciale, au sud par la mer des Indes, à l'est par la mer du Sud, et à l'ouest par la Russie, la Turquie d'Europe, la mer Méditerranée, l'Egypte et la mer Rouge.

L'Asie produit du blé, du riz, du vin, des fruits excellens, des plantes, des simples et quantité d'épicèries. On en tire aussi de l'or, de l'argent, des perles, des pierreries, de l'ivoire, du café, de l'encens, du thé, etc.

On y trouve des éléphans, et quoiqu'il y en ait beaucoup plus en Afrique, l'Asie paroît être naturellement leur patrie. Cet animal est le plus grand des quadrupèdes, comme la baleine est le plus grand des animaux à nageoires, et l'autruche le plus grand des oiseaux. L'éléphant est le premier de tous les animaux terrestres. Il a l'intelligence du castor, l'adresse du singe, le sentiment du chien. Cet animal consomme plus en huit jours pour sa nourriture que ne consommeroient trente personnes. Il est d'un naturel doux, et jamais il n'abuse de sa force; il porte sur son dos, sur son cou et sur ses défenses toutes sortes de fardeaux d'un poids énorme. En Perse et aux Indes les grands seigneurs voyagent sur des éléphans sur le dos desquels on dispose de larges pavillons richement dorés. On leur fait aussi porter des tours dans lesquelles on place plusieurs hommes armés pour la guerre.

Les Asiatiques sont en général fort indolens, oisifs et efféminés, à l'exception de quelques montagnards et des Tartares. Ils sont blancs, mais il y en a aussi d'olivâtres et de presque noirs.

C'est dans cette partie du monde qu'est né notre père Adam, le premier homme.

Il y a en Asie un lac si grand, qu'on lui a donné le nom de mer Caspienne.

Les principaux fleuves sont le

Tigre et l'Euphrate dans la Turquie en Asie, le Gange et l'Indus dans l'Inde, le Hoan ou la rivière Jaune, et le Kiang ou la rivière Bleue dans la Chine ; l'Oby, le Lena et le Jenisea dans la Tartarie.

L'Asie comprend la Turquie d'Asie, l'Arabie, la Perse, la Géorgie, la Grande-Tartarie, la Chine, le Mogol, l'Inde et les îles, dont les plus considérables sont, Candie, les îles Philippines, les îles Maldives, les îles Moluques, l'île de Java, de Ceylan, etc.

Les principales villes en Asie, sont, Smyrne, Burse, Angora dans la Turquie d'Asie, la Mecque, Médine, Moka dans l'Arabie, Théran, Ispahan dans la Perse, Pékin,

Nankin, Canton dans la Chine; Delhy, la résidence ordinaire du grand-Mogol, etc. Théran est aujourd'hui la résidence du sophi ou roi de Perse; on y compte quarante mille âmes. Elle renferme un palais très-vaste. Ispahan étoit autrefois la capitale de ce royaume; sa population est encore de deux cent mille âmes. Pékin, la capitale de la Chine, paroît renfermer six à sept cent mille habitans; d'autres en portent le nombre beaucoup plus haut. C'est de la Chine que l'on tire l'encre de ce nom, dont on se sert pour dessiner, et ces belles porcelaines, parmi lesquelles on distingue ces petites figures grotesques que l'on appelle communément *magots de la Chine*.

DIX-HUITIEME LEÇON.

L'AFRIQUE.

L'Afrique, cette troisième partie du monde, est plus petite que l'Asie et plus grande que l'Europe; elle est moins peuplée et moins tempérée que l'une et l'autre. L'Afrique, qui forme une vaste presqu'île, est jointe à l'Asie par l'isthme de Suez. Elle a au nord l'Europe, au sud l'Océan, à l'est l'Asie, et à l'ouest les îles du Cap-Vert et l'Amérique, dont elle est séparée par l'Océan atlantique.

L'air y est généralement chaud

et peu sain; la terre peu fertile, à l'exception de l'Egypte et de quelques endroits de la Barbarie, où le grain rapporte beaucoup. On trouve dans ce pays quantité de bons fruits et quelques mines d'or et d'argent. Il y a aussi beaucoup de bêtes féroces et sauvages, comme des lions, des léopards, des tigres, des éléphans, des rhinocéros, des chameaux, des autruches, des perroquets, des singes, des crocodiles, des ânes sauvages, etc. L'âne sauvage, ou le zèbre, est peut-être de tous les animaux quadrupèdes le mieux fait et le plus élégamment vêtu. Il a la figure et les grâces du cheval, et la légèreté du cerf. Toute sa peau est rayée de rubans parallèles qui l'entourent et qui sont alternativement jaunes et noirs dans le mâle, et noirs et blancs dans la femelle.

Les Africains sont en général farouches, cruels et grossiers. I's sont presque tous connus des autres nations sous le nom de *Maures* ou *Mores*. Ils ne sont cependant pas véritablement noirs ; ils sont basanés, et les peuples qui sont de couleur noire, sont appelés *nègres*.

Les principales parties de l'Afrique sont l'Egypte, la Barbarie, la Nigritie, la Guinée, le Congo, la Cafrerie, l'Ethiopie, la Nubie, etc.

Alexandrie, ville autrefois très-célèbre et très-florissante, est le chef-lieu de la basse Egypte ; sa population est de quinze mille habitans. Parmi les ruines dont Alexandrie est environnée, on remarque de beaux restes d'antiquités, telles que les obélisques de Cléopâtre, des colonnades, un amphithéâtre, la colonne de Pompée, monument en granit de la hauteur de quatre-vingt-quinze pieds, etc.

Le Caire, grande ville à une demi-lieue du Nil, est le chef-lieu de la moyenne Egypte; on y compte deux cent cinquante mille habitans. Elle est surtout célèbre par ses *caravanes*. Les caravanes sont composées d'une grande quantité de personnes qui voyagent ensemble, soit à pied soit à cheval ou sur des chameaux, pour les affaires de leur commerce ou pour les pélerinages que l'on fait chaque année à la Mecque.

La haute Egypte a de gros bourgs et peu de grandes villes.

Les principales villes des autres parties de l'Afrique sont, Tripoli, Tunis, Alger, Maroc, etc.

Les principaux fleuves sont, le Nil, qui arrose l'Egypte, le Sénégal, le Niger qui traverse la Nigritie, le Zaire, le Zambèze ou Cuama.

Les îles du Cap-Vert, îles Canaries, l'île de France, les îles de Madagascar, de Madère et quelques autres font partie de l'Afrique.

DIX-NEUVIEME LEÇON.

L'AMÉRIQUE.

L'AMÉRIQUE, cette quatrième partie du monde, est beaucoup plus grande que chacune des trois autres. Elle fut découverte en quatorze cent quatre-vingt-douze par Christophe Colomb, et elle est désignée quelquefois sous le nom d'Indes occidentales.

On divise l'Amérique en septentrionale et en méridionale. Elles sont jointes l'une à l'autre par l'isthme de Panama.

L'Amérique septentrionale comprend le Mexique, la Californie, la Louisiane, la Virginie, le Canada et la Terre-Neuve; les îles de

Cuba, Saint-Domingue et les Antilles.

L'Amérique méridionale comprend la Terre Ferme, le Pérou, le Paraguai, le Chili, la terre Magellanique, le Brésil et le pays des Amazones.

Le Pérou, si renommé, est un pays d'où on a tiré toujours beaucoup d'or et d'argent, au moyen des mines qu'on y a découvertes et que l'on fait exploiter par des naturels. Ce pays appartient au roi d'Espagne, auquel on envoie chaque année des vaisseaux chargés de richesses.

Les principales villes de l'Amérique sont, Mexico, chef-lieu du Mexique, Lima, Quito, Cusco, villes du Pérou, Philadelphie capitale des Etats-Unis, Quebec chef-lieu du Canada, Rio-Janéiro ou Saint-Sébastien, capitale du Brésil, etc.

La population de Philadelphie est de quatre-vingt mille âmes. La plupart de ses habitans, comme tous ceux des villes de l'Amérique, appartenans aux Etats-Unis, sont en grande partie des Européens, ou les descendans d'Européens qui parlent anglois. Il y a cependant dans ce pays beaucoup d'esclaves nègres. Rio-Janéiro a trente mille habitans. Cette ville, qui a un beau port, est l'entrepôt des richesses de tout le Brésil.

L'Amérique se trouvant située sous trois zones différentes, l'air n'y est pas le même partout. Il est froid au nord de la Nouvelle-France ou Canada, et aux environs du détroit de Magellan ; tempéré dans la Louisiane et au Paraguai, et fort chaud dans la Castille d'or, dans la nouvelle Espagne et aux îles Antilles.

Le terroir de l'Amérique seroit très-fertile s'il étoit cultivé. Le principal commerce de cette partie du monde consiste en sucre, en café, en tabac, en indigo, en cacao, en bois de teinture et de construction, et en pelleteries. Il y a des mines d'or, d'argent et de pierres précieuses, des animaux de toutes les espèces que nous avons en Europe et de plusieurs autres espèces que nous n'avons pas. On y trouve le colibri, qui est un très-petit oiseau, dont le plumage offre l'éclat des plus belles pierreries. On prétend que ces oiseaux, même desséchés, font un ornement si brillant, que quelquefois les femmes du pays les suspendent à leurs oreilles, de la même façon que nos dames font des diamans.

On distingue en Amérique quatre espèces de peuples. 1°. Les Européens qui s'y sont établis; 2°. Les métis ou créoles qui y sont nés des Européens et des Américaines, ou des Américains et des Européennes. 3°. Les nègres qui y sont venus d'Afrique ou d'Asie; 4°. Les sauvages ou les naturels de l'Amérique qui vivent de la chasse et de maïs ou blé d'Inde. Ces derniers sont fort basanés, ou pour mieux dire couleur de cuivre rouge.

Les principales rivières dans l'Amérique septentrionale sont, la rivière de Saint-Laurent et le Mississipi ; et dans l'Amérique méridionale, la rivière des Amazones et celle de la Plata ou d'Argent. On a donné à un grand fleuve qui prend sa source au Pérou le nom de rivière des Amazones, parce qu'on y vit des femmes armées ; c'est le plus grand fleuve du monde.

Voilà, mes enfans, les premières notions qu'on pouvoit vous donner de la géographie. Elles suffiront sans doute pour vous inspirer le goût d'une science dont la connoissance est aussi utile qu'agréable.

FIN.

AUTRES LIVRES

QUI SE TROUVENT

CHEZ ALEXIS EYMERY,

Rue Mazarine, n.º 30, derrière le palais de l'Institut.

CIVILITÉ DU PREMIER AGE, avec de jolies gravures et un titre gravé. Vol. in-12, broché et rogné. Prix, 75 c. et fig. col. 1 f.

PETIT ROBINSON, ou les Aventures de Robinson Crusoé arrangées pour l'amusement de la Jeunesee; par M. HENRI LEMAIRE. Troisième édition, revue et corrigée. Un vol in-18, orné de cinq jolies figures et d'un titre gravé. Prix, 1 f. 25 c. et fig. col. 1 f. 50 c.

LES SIX NOUVELLES DE L'ENFANCE, par

mademoiselle JULIE BR.... Vol. in-18, orné de six jolies gravures. Prix, 1 f. 50 c.

— Avec les figures soigneusement coloriées, 1 f. 75 c.

LEÇONS POUR LES ENFANS de trois à huit ans; ouvrage classique en Angleterre. Par mistriss BARBAULD; traduit sur la douzième édition. Quatre vol. in-24 carré, ornés de vingt jolies gravures coloriées, et couverts à la manière anglaise, avec un titre gravé. Prix, 3 f.

ÉLÉMENS DE LECTURE, à l'usage de l'Enfance; par madame DE RENNEVILLE. Vol. in-12, orné d'un titre gravé, broché et rogné. Prix, 1 f.

CRUSOÉ AMBROSE, ou les Aventures surprenantes d'un fils unique; ouvrage destiné à l'instruction et à l'amusement de la Jeunesse. Vol. in-18, orné de huit jolies gravures en taille-douce. Prix, 1 f.

THÉATRE DE SÉRAPHIN, ou des Ombres chinoises, historiquement dialogué, commenté, abrégé et moralisé pour les Enfans; ouvrage orné de quatorze figures en taille-douce et d'un plus grand nombre de planches gravées en bois par Duplat et Besnard. Troisième édition. Deux vol. in-18. Prix, 2 f.

LA CORBEILLE DE FLEURS, ou Complimens pour les Fêtes, Anniversaires, Jours de l'An, et autres circonstances, à l'usage de l'Enfance et de la Jeunesse. Vol. in-18, fig., et titre gravé. Prix, 1 f. 25 c.

LE CHANSONNIER DU PREMIER AGE, ou Choix de Chansons que l'on peut permettre aux Jeunes Gens des deux sexes pour exercer leur voix. V. in-18, fig., et titre gravé. Prix, 1 f. 25 c.

LE JARDIN DES ENFANS, ou Bouquets de Famille et Complimens propres à exprimer l'amour et le respect des Enfans envers leurs parens en différentes circonstances, telles que Fêtes, Anniversaires, Jours de l'An, etc.; suivis de Modèles de Lettres convenables à cet âge. *Huitième édition*, augmentée de petites Comédies et Scènes pour être jouées dans l'intérieur des Familles et dans les Pensionnats de Demoiselles. Vol. in-18, fig. Prix, 1 f.

RÉCRÉATION DE L'ENFANCE, ou joli Recueil de gravures amusantes, dédié aux petites

Demoiselles. Vol. in-12, obl. Prix, 1 f. 50 c. en noir.

— Avec figures coloriées, 2 f. 50 c.

AUTRE RECUEIL du même format et du même prix, dédié aux petits Garçons, avec une couverture imprimée.

BEAUTÉS DE L'HISTOIRE GRECQUE, ou Tableau des événemens qui ont immortalisé les Grecs; actions et belles paroles de leurs grands hommes; avec une Esquisse des Mœurs, et un Aperçu des Arts et des Sciences à différentes époques, depuis Homère jusqu'à la réduction de la Grèce en province romaine. Vol. in-12, orné de huit fig. Prix, 3 f. et avec grav. col. 4 f.

CARACTÈRES DE LA BRUYERE, avec de nouvelles Notes critiques; précédés d'une Notice historique et littéraire sur La Bruyère, pour servir à l'éducation de la jeunesse; par madame DE GENLIS. Un gros vol. in-12, imprimé en caractères petit-romain et petit-texte, et orné d'un titre gravé, sur lequel se trouve le portrait de La Bruyère. Prix, 4 f.

PETIT TÉLÉMAQUE, ou Précis des Aventures de Télémaque, fils d'Ulysse, d'après l'ouvrage de Fénélon. Dédié à l'Enfance, et publié par un instituteur. Vol. in-18, orné de six jolies gravures. Prix, 1 f. 25 c., et avec les fig. color. 1 f. 50 c.

NOUVEAU MANUEL DE GÉOGRAPHIE, à l'usage des maîtres et des élèves; par G.-B. DEPPING, avec une Mappemonde et six cartes gravées par d'habiles maîtres. Deux forts vol. in-12. Prix, 6 f., et avec les cartes color., 7 f.

TABLETTES CHRONOLOGIQUES de l'Histoire Ancienne et Moderne, avec des développemens historiques; *ouvrage adopté pour la troisième classe des lycées et écoles secondaires* par la Commission des Trois, dont Son Excellence le Comte de FONTANES, Grand-Maître de l'Université impériale, faisoit partie. *Quatrième édition*, revue, corrigée et continuée jusqu'en 1812. Par A. SERIEYS, professeur d'histoire, et secrétaire de la Faculté des Lettres à l'Académie de Douay. Vol. in-12 de 610 pages, imprimé en petit-romain, et orné d'un frontispice allégorique. Prix, 3 f. 60 c.

NARRATIONS FRANÇAISES, ou Choix des meilleurs morceaux dans tous les genres, tirés de nos plus célèbres prosateurs; Recueil propre à faire connoître aux jeunes gens les beautés de la langue françoise, ainsi que le génie et le genre de style des écrivains qui l'ont illustrée. Par M. DURDENT. Vol. in-12, orné d'un joli frontispice. Prix, 3 f.

BEAUTÉS DE L'HISTOIRE ROMAINE, ou Traits les plus remarquables de cette histoire. Vol. in-12 de près de 400 pages d'impression, orné de huit belles gravures d'après les tableaux des meilleurs maîtres. Prix, 3 f.

— Avec figures coloriées, 4 f.

MERVEILLES ET BEAUTÉS DE LA NATURE EN FRANCE, ou Descriptions de ce que la France offre de curieux et d'intéressant sous le rapport de l'histoire naturelle, comme grottes, cascades, sources, montagnes, rochers, torrens, vues pittoresques, etc., etc, tirées des Voyages et des ouvrages d'histoire naturelle les plus estimés; par G.-B. DEPPING. Deuxième édition, revue et corigée. Gros vol. in-12, avec grav. et une carte. Prix, 4 f.

LES LOISIRS DE L'ENFANCE ET DE LA JEUNESSE, ou Historiettes amusantes et morales; ouvrage traduit de l'anglois de *Charlotte Smith* et *Priscilla Wakfield* et autres, par M. BERTIN, auteur du *Berquin anglais*, etc. Quatre vol. in-18, gros caractère, beau papier, jolies figures et titres gravés. Prix, 5 f.

— Avec figures coloriées, 6 f.

ABRÉGÉ DES ANTIQUITÉS ROMAINES; ouvrage adopté par l'ancienne Université. Nouvelle édition, (1812) revue et augmentée de plusieurs articles sur les Mœurs et les Usages, par P. B. Un vol. in-18 de 288 pages, orné d'un titre gravé et d'une carte pliée, contenant vingt-quatre figures gravées au trait, lesquelles représentent les Magistrats, les Officiers, les Prêtres et les Citoyens dans leurs costumes. Prix, 1 f. 50 c.

LA LYRE SACRÉE, ou Poésies morales et religieuses, extraites des auteurs les plus célèbres. Vol. in-18, fig., et titre gravé. Prix, 1 f. 25 c.

LA MYTHOLOGIE EN ESTAMPES, ou Figures des Divinités fabuleuses avec leurs attributs, d'après les monumens antiques et les peintres les plus célèbres; accompagnées d'un texte explicatif et assez étendu pour donner une connoissance de la Fable. Ouvrage utile aux jeunes gens des deux sexes. Vol. in-8. oblong, sur papier vélin, très-proprement cart. Prix, 4 f.

— Avec figures coloriés, 6 f.

COURS DE GRAMMAIRE FRANÇOISE, contenant 1.° des Notions sur la nature des mots, des Analyses grammaticales sur les parties du discours, une Instruction sur la conjugaison des verbes, des Observations essentielles sur les mots, considérés comme des sons; des Principes d'orthographe, etc.; 2.° des Principes raisonnés sur l'arrangement des mots dans le discours, l'Accord du participe passé résolu par une seule règle, des Notions sur la proposition, sur la construction, sur les gallicismes; une Méthode raisonnée de ponctuation, avec un Exercice d'application; une Analyse raisonnée des propositions; un Abrégé des règles de la versification. Ouvrage classique; par J.-B. LEHODEY, ex-directeur d'école secondaire, et professeur de belles-lettres. Vol. in-12 cartonné. Prix, 1 f. 25 cent.

PRINCIPES DES ÉCRITURES ANGLAISE ET FRANÇOISE, divisés en quinze leçons, par

Alexandre Bourgoin, et gravés par Lale. Cahier in-8.°, avec une couverture imprimée. Prix, 1 f. 25 c.

CHOIX DÉCENNAL DE POÉSIES LÉGÈRES, depuis 1800. Vol. in-12, orné d'un frontispice et d'un titre gravé. Imprimé par Brasseur sur très-beau papier pâte vélin. Prix, broc., 3 f.

— Avec figures coloriées, 3 f. 50 c.

— Relié en veau par *Rosa*, 6 f.

LA MORT D'ABEL, traduction en vers libres du poëme de Gessner, par M. Lablée. Vol. in-18, imprimé sur carré fin par Michaud frères, et orné de six jolies figures gravées par Lecerf, d'après les dessins de M. Monnet, peintre et ancien membre de l'Académie de peinture. Prix, broché, 1 f. 50 c.

— Avec figures coloriées, 2 f.

EXERCICES LATINS, tirés des Auteurs des derniers siècles de la littérature latine, à l'usage des classes inférieures, par M. G.-B. Depping. Vol. in-12, parch. Prix, 1 f. 25 c.

DE L'IMPRIMERIE D'ADRIEN ÉGRON,
rue des Noyers, n.° 49.

ABÉCÉDAIRE
GÉOGRAPHIQUE.

ABÉCÉDAIRE
GÉOGRAPHIQUE.

www.ingramcontent.com/pod-product-compliance
Lightning Source LLC
LaVergne TN
LVHW052105090426
835512LV00035B/985